KACKENDE TIERE

EIN MALBUCH FÜR ERWACHSENE

KACKENDE TIERE

EIN MALBUCH FÜR ERWACHSENE

Bibliografische Information der Deutschen
Nationalbibliothek:
Die Deutsche Nationalbibliothek verzeichnet diese
Publikation in der Deutschen Nationalbibliografie;
detaillierte bibliografische Daten sind im Internet über
http://dnb.dnb.de abrufbar.

(c) 2019 Kritzi Kratzi
Herstellung und Verlag:
BoD – Books on Demand, Norderstedt

ISBN: 978-3-7504-2859-1